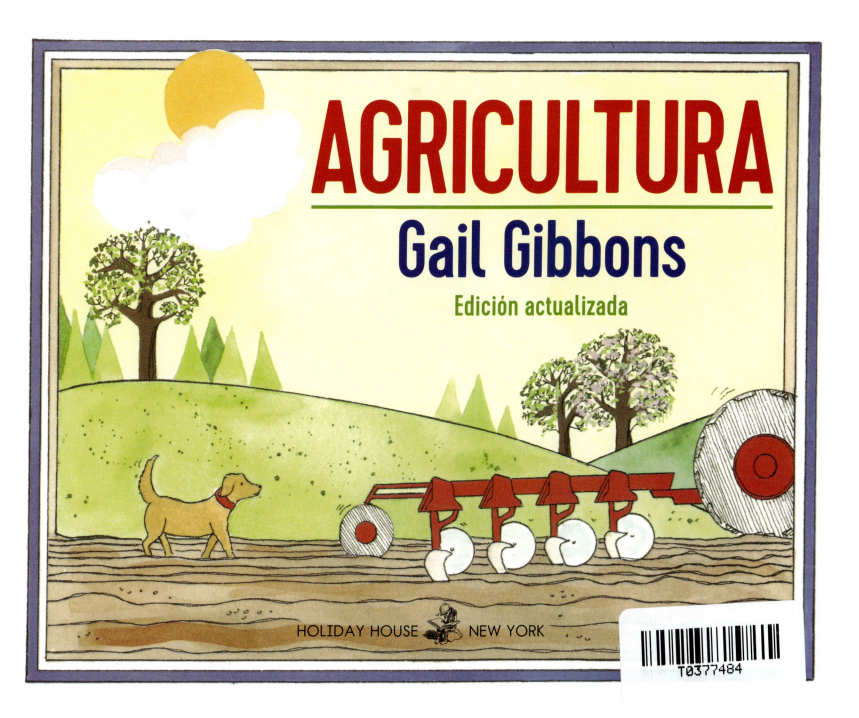

Se agradece especialmente a Maxine y Gregory Slack de Corinth, VT; a Rudy Martin de M&M Motors en Montpelier, VT; a J. S. Woodhouse Co. en West Springfield, MA; a Townline Equipment Sales en Plainfield, NH, y a Kevin Daugherty, Director de Educación del Illinois Farm Bureau.

English text copyright © 1988, 2019 by Gail Gibbons
Illustrations copyright © 1988 by Gail Gibbons
Spanish translation copyright © 2025 by Holiday House Publishing, Inc.
Spanish translation by María A. Cabrera Arús of *Farming* (Second Edition) published in 2019
All Rights Reserved
HOLIDAY HOUSE is registered in the U.S. Patent and Trademark Office.
Printed and bound in November 2024 at Leo Paper, Heshan, China.
www.holidayhouse.com
First Spanish Language Edition
1 3 5 7 9 10 8 6 4 2

Library of Congress Cataloging-in-Publication Data is available.
The Library of Congress has catalogued the English language edition as follows:
Gibbons, Gail.
Farming.
Summary: An introduction, in simple text and illustrations, to farming and the work done on a farm throughout the seasons.
1. Agriculture — Juvenile literature. 2. Farm life — Juvenile literature. 3. Farms — Juvenile literature.
[1. Farms. 2. Farm life] I. Title.
S519.G53   1988   630   87-21254

ISBN: 978-0-8234-6002-1 (Spanish paperback) ISBN: 978-0-8234-4276-8
(English hardcover) ISBN: 978-0-8234-4553-0 (English paperback)

EU Authorized Representative: HackettFlynn Ltd, 36 Cloch Choirneal,
Balrothery, Co. Dublin, K32 C942, Ireland.
EU@walkerpublishinggroup.com

La mayoría de las granjas son propiedades familiares. Son lugares ajetreados durante todo el año.

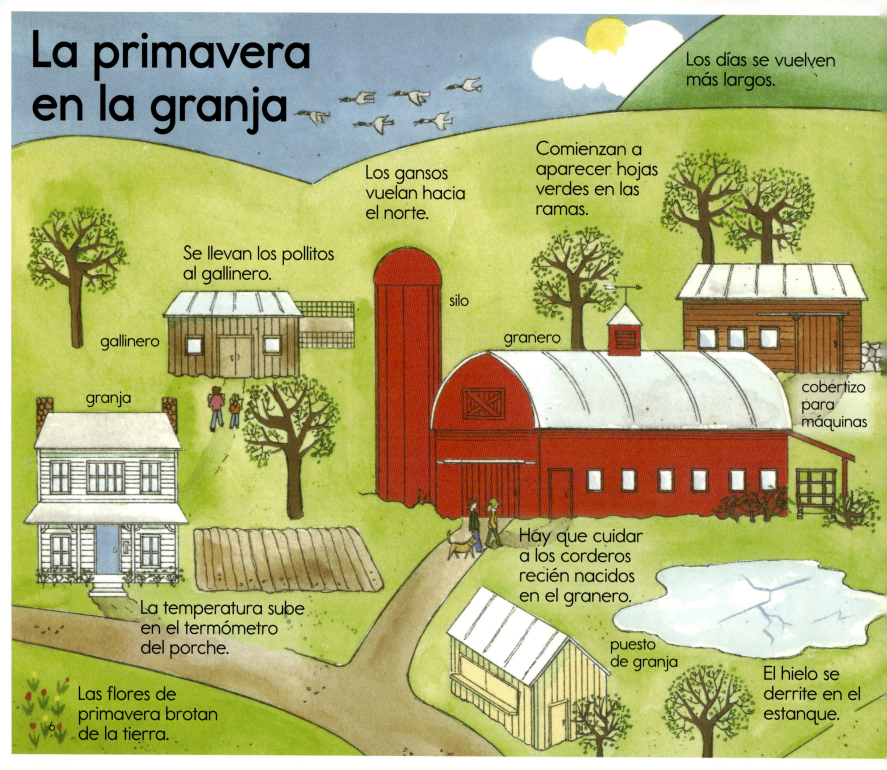

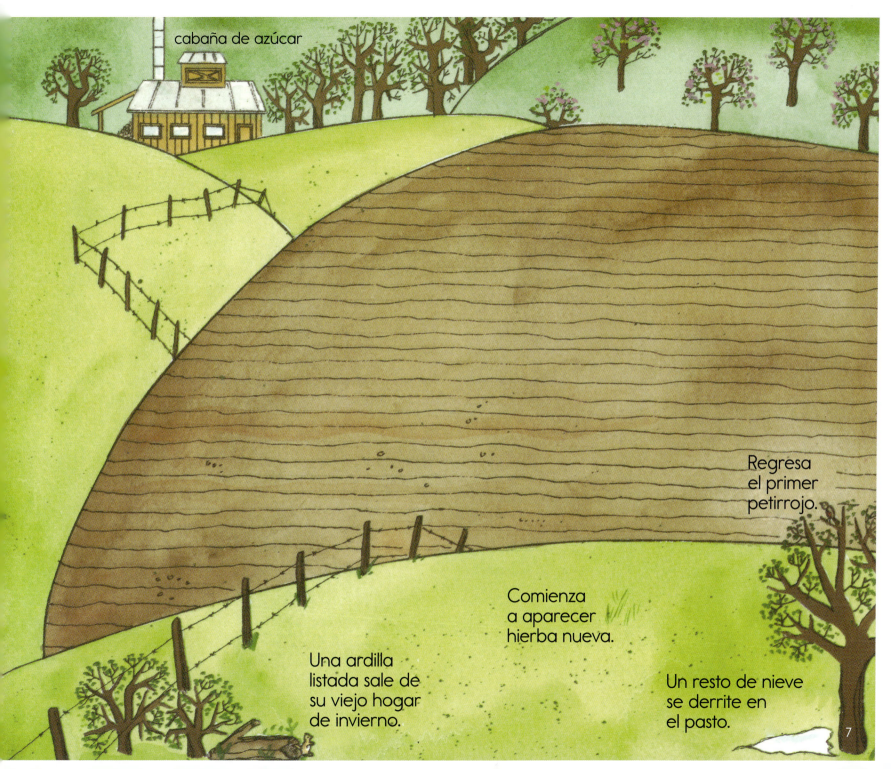

Tareas al aire libre...

Se ponen a pastar caballos y vacas.

Se planta la huerta.

La temporada de jarabe de arce acaba de terminar.

Se lleva agua al gallinero.

y tareas bajo techo.

Los establos deben limpiarse con frecuencia.

Los pollitos recién nacidos necesitan cuidado constante.

Hay nuevas crías en la granja.

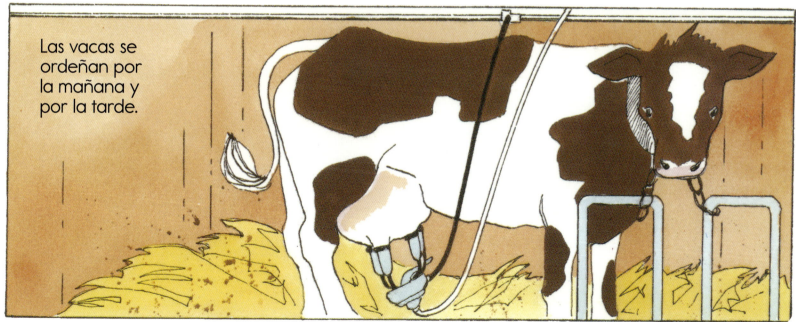

Las vacas se ordeñan por la mañana y por la tarde.

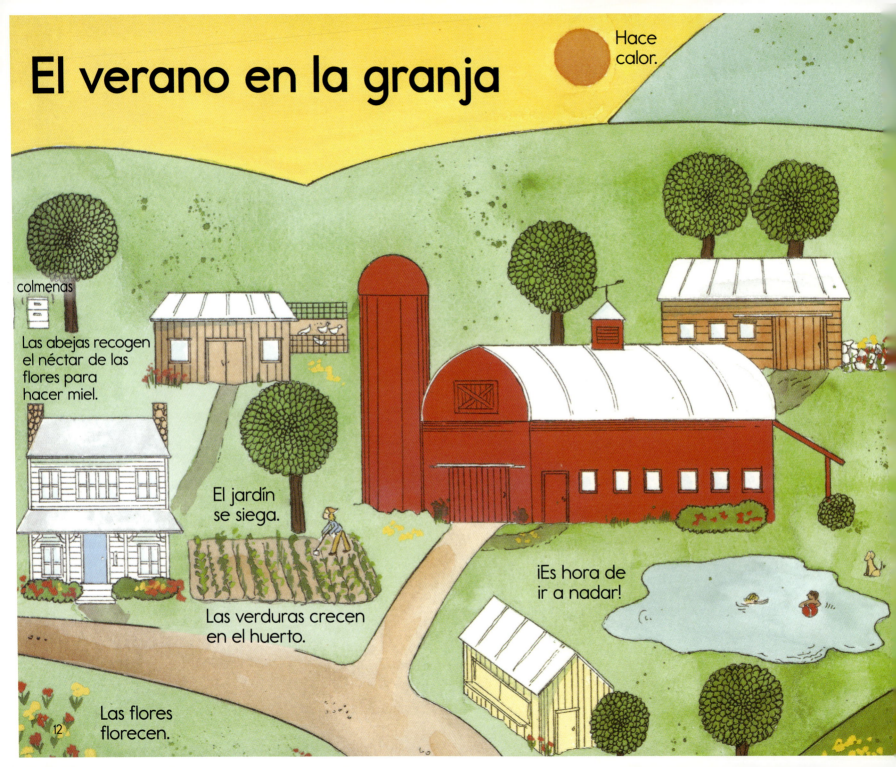

Tareas al aire libre...

Se cosechan algunas verduras.

Se recoge miel.

y tareas bajo techo.

Las verduras se enfrascan o se congelan.

frascos de conservas

Los huevos se recogen todos los días del año.

El veterinario revisa al ternero.

Las vacas se ordeñan dos veces al día, todos los días del año.

El heno se pone en el pajar.

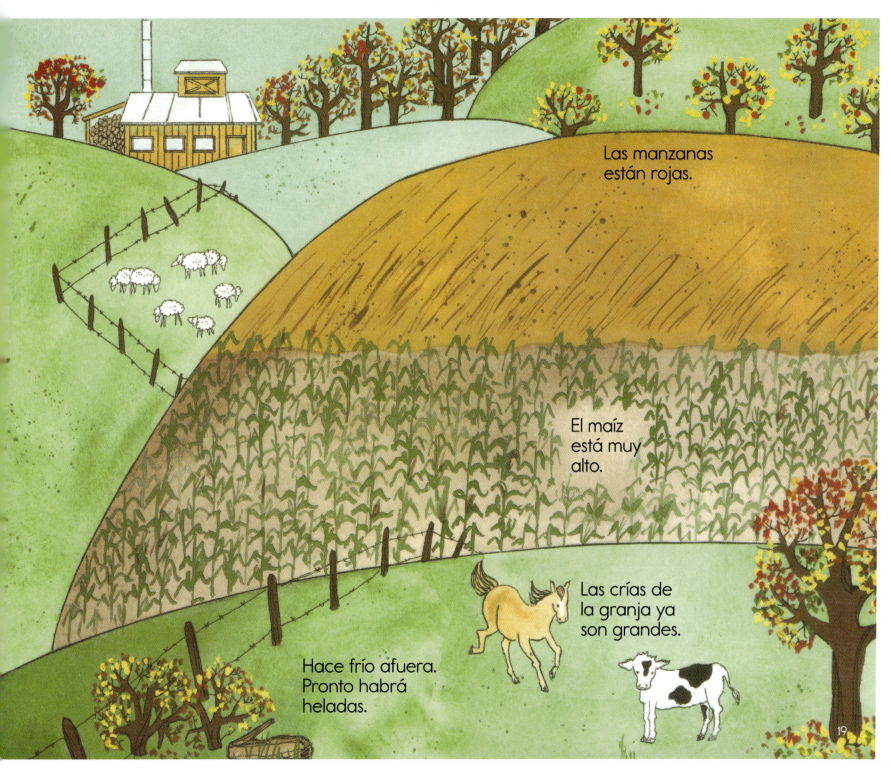

Las manzanas están rojas.

El maíz está muy alto.

Las crías de la granja ya son grandes.

Hace frío afuera. Pronto habrá heladas.

Tareas al aire libre...

Después de las tareas mañaneras, es hora de ir a la escuela.

Los huevos se empacan para su entrega.

Al final de la temporada de cultivo, se cosechan todas las frutas y verduras.

Se cosechan los campos de maíz.

cosechadora

El silo se llena de maíz picado. El maíz y el heno alimentarán a los animales durante el invierno.

El pajar está lleno.

y tareas bajo techo.

Se ponen cestas de manzanas en el puesto de la granja.

Los estantes se llenan de comida en conserva.

Se llevan algunos animales al mercado para venderlos.

La leche de las vacas se vende a una lechería durante todo el año.

El invierno en la granja

Los días son cortos.

Unas huellas llevan al granero.

Hay hielo en el estanque.

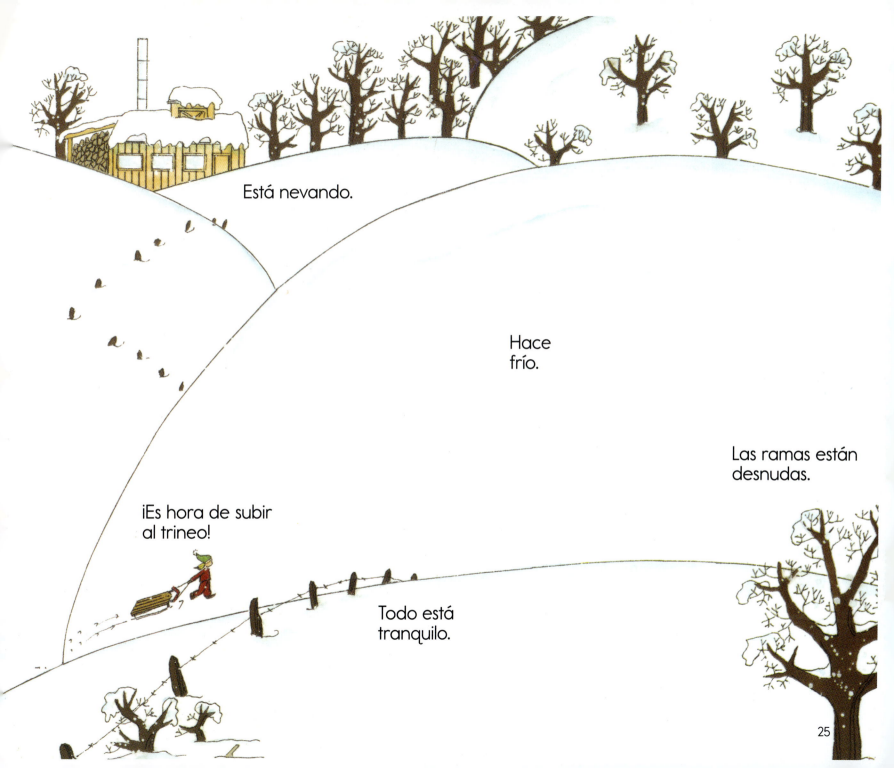

Tareas al aire libre...

Se barre el camino.

Se lleva agua al gallinero.

y tareas bajo techo.

Se repara y limpia la maquinaria agrícola.

Se ordeñan las vacas.

Hay mucho heno y cereales para comer.

Todos los animales pasan el frío invierno adentro.

Las verduras del verano pasado se cuecen en la olla.

Se preparan los planes y la contabilidad para los cultivos del próximo año.

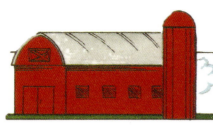

TIPOS DE AGRICULTURA

La mayoría de las granjas están especializadas. Producen uno o dos cultivos o tipos de animales de granja.

GRANJAS LECHERAS

Las granjas lecheras crían vacas para obtener leche. La leche se vende a lecherías donde se procesa y envasa.

GRANJAS DE HUEVOS Y AVÍCOLAS

Las granjas de huevos crían gallinas para poner huevos. Las granjas avícolas crían pollos para obtener su carne.

GRANJAS CEREALERAS

Las granjas cerealeras cultivan granos para hacer pan, cereales y otros alimentos. Algunos granos también se cultivan para alimentar a los animales.

HUERTAS DE FRUTAS

Las huertas de frutas cultivan manzanas, duraznos, naranjas y otras frutas para el consumo humano.

HUERTAS DE VEGETALES

En las huertas de vegetales se cultivan frijoles, lechugas, zanahorias y otros vegetales. Se envían a mercados y tiendas para su venta.

GRANJAS Y RANCHOS GANADEROS

Se cría ganado vacuno, cerdos y otros animales para obtener su carne.

AGRICULTURA...

A muchas personas les gusta comprar sus víveres en los miles de mercados de agricultores de todo Estados Unidos, que venden alimentos cultivados en granjas locales.

Las variedades vestigiales provienen de semillas que han sido protegidas y cultivadas cuidadosamente a lo largo de muchas generaciones. Estas semillas no han sido modificadas ni tratadas con productos químicos.

Comprar alimentos cultivados localmente ahorra energía porque los alimentos no tienen que ser transportados largas distancias en aviones o camiones.

Hay bancos de semillas por todo el mundo que protegen y guardan semillas puras de frutas, verduras y otras plantas. Estas semillas nunca han sido modificadas por los científicos.

Cuanto más recientemente se haya recogido una fruta o verdura, más vitaminas y nutrientes tendrá.

Las variedades vestigiales son más nutritivas y tienen más diversidad que las frutas y verduras normales. También suelen ser más jugosas y tener más sabor.

Es más probable que las granjas locales cultiven variedades vestigiales de frutas y verduras.

Muchos agricultores utilizan semillas de organismos genéticamente modificados (OGM). Estas semillas son alteradas por los científicos para crear nuevas variedades y aumentar el tamaño de los cultivos.